Ln 27 15010.

ALFRED DE MUSSET

SES ŒUVRES POÉTIQUES

PAR

M. EUGÈNE POITOU.

(Extrait de la Revue Nationale.)

ALFRED DE MUSSET

SES ŒUVRES POÉTIQUES

Il y a des poëtes dont le génie n'a pas eu, pour ainsi dire, d'enfance, et qui dès le premier jour se sont révélés tout entiers. La suite peut-être n'a pas toujours répondu au début; l'homme n'a pas toujours tenu toutes les promesses du jeune homme. Parfois même d'étranges défaillances ont étonné, affligé leurs admirateurs; mais ces taches disparaissent dans l'éclat des premiers triomphes. Et c'est justice sans doute que l'humanité oublie les faiblesses présentes pour ne se souvenir que des grandeurs d'autrefois, et qu'elle pardonne beaucoup à ceux qui ont beaucoup fait pour elle.

Il y a des poëtes, au contraire, qui ne se sont révélés que par degrés; il y en a qui, nés avec les dons les plus rares, ont dissipé leur jeunesse en des œuvres légères, livrés à tous les caprices de la fantaisie, cueillant au hasard les fleurs écloses sans culture sur un sol fécond, jetant en riant par les fenêtres les trésors d'un talent prodigue. Une réputation d'esprit et de grâce, même relevée d'un peu de scandale, il semble qu'ils n'aient pas aspiré à autre chose. Mais un jour, cette folie de jeunesse s'est évanouie; l'âge était venu, et avec l'âge les épreuves de la vie et les pensées sérieuses; et il s'est trouvé que la douleur avait éveillé dans l'âme du poëte des cordes plus graves. Aux folles chansons ont succédé des chants tristes et sévères, des accents pathétiques. Les ailes de la muse ont grandi, et elle a pris son vol vers de plus hautes régions. Qu'arrive-t-il cependant? La même illusion dont je parlais tout à l'heure se reproduit dans l'esprit du public, mais en sens inverse; le même préjugé, né des premières impressions, subsiste, mais, cette fois, au lieu de protéger l'écrivain, il pèse injustement sur lui. Le souvenir de ses fantaisies nuit à ses œuvres plus sérieuses, et sa réputation passée fait tort à sa gloire naissante.

Cette histoire est celle d'Alfred de Musset. Applaudi d'abord et presque célèbre au sortir du collége pour des vers badins et un peu libres, il a vu plus tard ses plus beaux vers ne rencontrer qu'une attention distraite, une admiration un peu froide, je ne sais quel étonnement à demi incrédule. On s'était fait un Alfred de Musset railleur et licencieux, il semblait qu'on ne pût l'imaginer autrement. L'esprit humain est ainsi fait : il lui en coûte de changer son idéal ; il lui en coûte davantage peut-être de reconnaître à un homme d'autres talents que ceux qu'on lui avait accordés d'abord. Quelle qu'en fût la raison, Alfred de Musset porta la peine de ses péchés de jeunesse, il la porte encore. *Rolla* fit bien pourtant quelque bruit ; l'étrangeté, l'audace de certains détails fit admirer les beaux vers. Mais il semble que les *Nuits* furent à peine remarquées, à peine comprises, lors de leur apparition. Aujourd'hui encore, après vingt ans, et quand le poëte n'est plus, bien des hommes graves ne lui ont pas pardonné ses premiers vers, et, par rancune de ces *juvenilia*, n'ont pas lu les poëmes qui sont sa vraie gloire. Parmi ses admirateurs mêmes, combien peu réservent leur admiration pour ce qui en est le plus digne ! Parmi les jeunes gens, dont il est le poëte favori, combien ne savent par cœur que les *Contes d'Espagne* et *Namouna!* Et quant à ses imitateurs, chaque jour plus nombreux, que songent-ils à imiter, hormis *Mardoche* et les *Proverbes?*

Il y a là une injustice dont le public, malgré de récentes réparations et de charmants éloges, n'est pas encore revenu. Et même, s'il faut dire toute ma pensée, les éloges les plus bienveillants n'ont pas fait sa juste part et assigné sa place légitime à ce poëte mort jeune, et qui a si peu écrit. A mon avis, — tout en abandonnant bien de ses vers de jeune homme que lui-même estimait ce qu'ils valent, — tout en faisant, au nom de la morale, les réserves qui doivent être faites,— on ne met pas Alfred de Musset assez haut. Sa place est à côté et au niveau des plus grands de ce temps-ci. S'il est vrai que c'est par leurs œuvres les plus parfaites qu'il faille classer les hommes, il a écrit des pages qui doivent être mises au rang des plus belles et des plus pures poésies de notre siècle.

C'est sur ce caractère des poésies d'Alfred de Musset, sur ce contraste de ses premières œuvres avec les dernières, que je voudrais présenter ici quelques remarques. Dans ce développement d'un rare et vigoureux talent, dans cette éclosion inattendue qui s'est faite en lui de facultés non soupçonnées, il m'a semblé qu'il y avait un curieux sujet d'étude, au point de vue littéraire et au point de vue moral. Là, d'ailleurs, se borne mon dessein : l'auteur des *Nouvelles*, le charmant conteur de *Frédéric* et d'*Emmeline*, on le connaît de reste, et tout le monde goûte ses grâces légères et piquantes; l'auteur ingénieux des *Proverbes*, le public l'applaudit tous les soirs. C'est du poëte, du poëte seulement que je veux parler; — « Parlons-en tout à notre aise. » Son nom, je le crois, est destiné à grandir, quand d'autres, trop exaltés, ne peuvent que déchoir. Ce retour me semble même à la veille de se faire, et il n'est pas hors de propos, sans doute, d'en rechercher les raisons.

I

Le caractère qui frappe entre tous chez Alfred de Musset, c'est qu'il est par excellence un esprit français. Nous avons eu des poëtes allemands, des poëtes anglais, des poëtes espagnols; il est, lui, un poëte français, et de race pure. Qu'on lui en fasse éloge ou grief, il faut reconnaître en lui un des types les plus francs de notre génie national. Il en a toutes les qualités et tous les défauts; et peut-être, cela s'est vu plus d'une fois chez nous, a-t-il dû à ses défauts autant qu'à ses qualités la popularité précoce dont il a joui. Nature fine et délicate, ouverte et droite, éminemment sincère, il est avec cela sceptique, railleur et sensuel. Il a la légèreté, la grâce, la verve moqueuse, l'humeur volontiers satirique; mais sous cette gaieté dont il se fait parfois un masque et comme une défense, on sent un esprit sérieux, élevé, une sensibilité profonde, une âme tendre, facilement émue, capable des plus généreuses passions. Surtout il a au plus haut degré le bon sens et le bon goût, la mesure, la netteté, la sobriété exquise, toutes qualités qui sont l'essence même de l'esprit français.

Quand il lui a plu, presque enfant encore et à l'âge où l'on imite toujours quelqu'un, d'écrire des *Contes d'Espagne et d'Italie*, ç'a été tout simplement un costume romantique dont il s'est affublé en riant, comme une de ces modes bizarres qu'aiment à porter les jeunes gens, comme un travestissement qu'on met pour aller au bal. On sent que tout cela n'est qu'un jeu d'esprit et une gageure; et il a eu plus tard quelque droit de dire, avec une fierté un peu railleuse :

> J'ai fait de mauvais vers; c'est vrai : mais, Dieu merci,
> Lorsque je les ai faits, je les voulais ainsi.

Sous cette manière, sous ces formes d'emprunt, il y avait en réalité une humeur très-indépendante, et une force native qui ne tardaient pas à se révéler. Au fond, nul poëte n'a plus de franchise dans l'inspiration, plus de liberté dans l'allure, plus d'originalité de pensée et de style. En dépit de ses formes cavalières, de ses bizarreries de parti pris, nul n'a un talent moins artificiel et moins factice. Il hait par-dessus tout l'emphase, le pathos, le genre gonflé et colossal, et il a raillé amèrement ces artisans de paroles sans cesse occupés à « ravauder l'oripeau qu'on appelle antithèse. » Il ne hait pas moins la fausse mélancolie, la sentimentalité, et il a persiflé à leur tour

« ..... Les pleurards, les rêveurs à nacelles,
Les amants de la nuit, des lacs, des cascatelles.... »

Sarcasmes, soit dit en passant, qui ont dû faire plus d'une blessure, et qui expliquent peut-être plus d'un dédain.

Le défaut qui a marqué dès l'origine notre poésie contemporaine, et qui s'est aggravé de jour en jour, c'est le vague de la pensée et l'abus des mots. On peut dire d'elle tout entière ce que notre plus éloquent critique a dit d'un des chefs de l'école moderne : « Elle a plus d'images que d'idées [1]. » Dans sa mesure discrète, et malgré les éloges qui en atténuent la sévérité, ce jugement reste, à mon avis, le mot qui caractérise le mieux le côté faible de notre poésie contemporaine. Prenez-la même chez les maîtres, chez ceux qui l'ont portée si haut : l'un pareil « à un clairon suspendu et sonore » (c'est encore un beau mot de M. Villemain), qui retentit à tous les bruits héroïques, à tous les accents généreux ; l'autre semblable à un luth éolien qui vibre au moindre souffle, et abandonne à toutes les brises des soupirs mélodieux. Combien de fois, même chez ces princes de la poésie moderne, et si vous mettez à part un petit nombre de morceaux exquis, combien de fois ne vous est-il pas arrivé de chercher sous l'ampleur exubérante de la forme la pensée indécise et flottante ! Ne semble-t-il pas que souvent tous ces voiles de pourpre et d'or nous la cachent au lieu de l'orner ? Que de strophes éclatantes dont les ailes battent presque dans le vide ! Que de stances harmonieuses qui n'apportent à mon oreille qu'un vague murmure ! C'est que le poëte a tout donné à l'inspiration, rien à la réflexion ; il n'a pas attendu que la pensée fût éclose et le sentiment développé ; une vue superficielle lui a suffi,

1. *Essai sur Pindare et la poésie lyrique*, p. 574.

un à peu près, une émotion, moins que cela, une impression fugitive; et la force de l'inspiration l'emportant, il a chanté

> Comme l'oiseau gémit, comme le vent soupire,
> Comme l'eau murmure en coulant[1].

Mais ni l'eau qui coule, ni l'oiseau qui chante, ni le vent qui gémit ne sont tenus d'exprimer une idée ou un sentiment; et j'ai le droit sans doute de demander davantage au poëte, s'il est vrai que la poésie soit faite pour parler à l'âme, et non pas seulement pour chatouiller l'oreille ou amuser l'esprit.

Ce défaut, qu'un œil attentif découvre déjà dans les premières œuvres des maîtres, et qui est frappant dans leurs dernières productions, s'est naturellement exagéré chez les disciples jusqu'à devenir insupportable. Il ne manque pas d'écrivains aujourd'hui qui tournent la strophe avec une merveilleuse habileté; la langue poétique est un instrument musical qui rend sous leurs doigts les accords les plus riches et les plus variés. Mais la poésie, j'entends celle des idées non des mots, celle des sentiments non des métaphores, la véritable poésie, où est-elle? Vous êtes peut-être des virtuoses, êtes-vous des poëtes?

Et c'est d'ailleurs une remarque assez affligeante à faire, que cette pauvreté de l'idée jointe à la richesse de la forme n'est pas aujourd'hui le défaut de la poésie seule. La même décadence atteint les autres arts. Promenez-vous dans la salle de nos expositions de peinture. Où trouver plus de savoir-faire, plus d'habileté dans le métier, un pinceau plus fin, souvent une couleur plus séduisante? La nature a-t-elle été jamais étudiée de plus près, reproduite avec plus d'exactitude? Que manque-t-il donc à la plupart de ces œuvres pour être des œuvres éminentes? Une toute petite chose : une pensée, un sentiment, c'est-à-dire la poésie.

Eh bien! Alfred de Musset (j'ai hâte de revenir à lui après cette digression qui ne m'en a pas autant éloigné qu'on pourrait le croire), Alfred de Musset n'a jamais donné prise à cette critique, ou plutôt il brille justement par la qualité opposée. Jamais chez lui la pompe des mots ne masque le vide des idées; jamais, pour écrire en vers, il ne s'est cru affranchi du soin vulgaire de penser; et lui-même a

[1] Lamartine, le Poëte mourant.

fait là-dessus, avec une vivacité spirituelle, sa profession de foi littéraire :

> Qui des deux est stérilité,
> Ou l'antique sobriété
> Qui n'écrit que lorsqu'elle pense,
> Ou la moderne intempérance
> Qui croit penser dès qu'elle écrit?

Cette sobriété, qui est la qualité des maîtres, Alfred de Musset l'a au plus haut degré. Aussi, et surtout dans les œuvres de sa maturité, quelle fermeté de diction et quelle plénitude! Comme la pensée soutient et porte le vers! Comme l'image fait briller l'idée, qu'elle enchâsse sans la surcharger! La phrase, leste et rapide, ne s'alourdit point d'épithètes oiseuses. Rien d'obscur, d'indécis ni de nuageux : le dessin est aussi net que la couleur est franche. Je m'imagine, si j'avais à peindre sa muse, qu'au lieu de l'envelopper de longs voiles et d'attacher à ses épaules une tunique brodée ou un manteau de pourpre, je la représenterais vive, alerte et court vêtue, à la fois souriante et sévère, ajustée un peu à l'antique, le sein et les bras à demi nus, sans autres ornements que sa beauté et ses grâces libres et fières.

En cela encore, Alfred de Musset est un génie tout français. Il est de l'école française par la pensée, il en est par le style. Il en a gardé la langue souple et nerveuse, solide et brillante à la fois; la langue de Régnier et de Voltaire, assouplie et colorée par André Chénier. Avec ce dernier particulièrement, il a des ressemblances frappantes : ce sont visiblement deux poëtes de la même famille, et, malgré des diversités apparentes, de la même école. Chénier a-t-il rien écrit de plus charmant, de plus pur, de plus attique, de plus imprégné du sentiment de la beauté antique que le début de *Rolla?* Est-ce Chénier, est-ce Alfred de Musset qui a écrit ces vers :

> Voici la verte Écosse et la brune Italie,
> Et la Grèce, ma mère, où le miel est si doux,
> Argos et Ptéléon, ville des hécatombes,
> Et Messa la divine, agréable aux colombes;
> Et le front chevelu du Pélion changeant;
> Et le bleu Tiratèse, et le golfe d'argent
> Qui montre, dans ses eaux où le cygne se mire,
> La blanche Oloossone à la blanche Camyre[1].

[1]. *La nuit de mai.*

Un autre caractère, le plus remarquable, sans contredit, de la poésie d'Alfred de Musset, c'est sa personnalité énergique, et par là même sa sincérité et sa vérité.

Même parmi les lyriques, pour ne pas sortir du genre dont nous parlons, il y a deux familles très-distinctes de poëtes : les uns ont quelque chose d'impersonnel dans leur génie; ils sont comme les voix éclatantes de la foule, comme l'écho des sentiments qui ébranlent toutes les âmes humaines. C'est là leur gloire, et c'est aussi la raison de leur popularité. Comme ils traduisent éloquemment les pensées de tous, leurs paroles retentissent au loin et vibrent longtemps dans les intelligences.

D'autres, génies plus personnels, expriment surtout leur âme, traduisent surtout leurs pensées et leurs émotions, leurs joies et leurs douleurs. En cela encore ils parlent un langage qui, sans doute, s'adresse à tous, puisque toute pensée vraie et toute émotion forte sont communes à toute âme humaine; mais néanmoins ces pensées, ces sentiments, par cela même qu'ils portent une empreinte particulière, ne sont plus d'une application aussi générale. Ce n'est plus une monnaie courante, c'est une médaille ou un portrait.

Les premiers sont les lyriques proprement dits, les seconds sont les élégiaques. Ceux-ci sont moins universels, mais ils sont plus pénétrants; ce qu'ils perdent en surface, ils le gagnent en profondeur. Ils reflètent moins les côtés généraux de l'âme humaine, mais ils expriment avec une vive éloquence les émotions qui les ont agités; ils sont plus vrais, plus originaux, plus sincères. Ces poëtes-là ne parlent pas à la foule, ils deviennent rarement populaires; mais au point de vue de l'art, leur place n'est pas moins haute; comme étude du cœur humain et comme expression de la passion, leurs écrits n'ont pas une moindre valeur. Alfred de Musset appartient à ce dernier groupe; mais aux qualités ordinaires du genre il en a joint une autre qui suffirait à lui assigner le premier rang parmi nos élégiaques. Il a su unir l'énergie à la grâce; il a donné à la *molle élégie* une force expressive, une puissance d'émotion qu'elle avait rarement atteinte. Le poëte élégiaque, ç'a été là le grand poëte en lui, le poëte original, et qui restera l'égal des plus illustres de notre siècle.

Il nous faut l'étudier de plus près à ce point de vue; mais avant d'en venir à ses élégies, j'ai besoin de montrer par quelles phases a passé son talent, et quelles époques très-distinctes se marquent dans sa trop courte vie poétique.

II

On peut distinguer trois périodes successives dans la vie poétique d'Alfred de Musset. La première, antérieure à 1830, est celle des *Contes d'Espagne et d'Italie*. Presque écolier encore — il avait dix-huit ans, — entré (c'est lui qui l'a dit) comme garçon

> Dans la grande boutique
> Romantique,

il en a pris naturellement les couleurs et le ton; il en imite les hautes fantaisies. Dans cette imitation, il est vrai, il apporte déjà une verve, une force d'imagination singulières. Mais à chaque instant, on est dérouté, déconcerté par de bizarres contrastes. L'affectation se mêle aux grâces naturelles. L'auteur a l'air de se moquer de son lecteur, de ses héros, de lui-même. Il se passe toutes les licences; il brave, comme on l'a dit, la morale aussi bien que la prosodie; il affiche l'impiété, le cynisme d'un roué. Il y a dans *Mardoche* à la fois du Candide et du don Juan. Le livre fit scandale. C'était évidemment l'œuvre d'un esprit rare et brillant; nul ne pouvait encore soupçonner quels trésors de poésie il portait en lui.

Une seconde période, plus riche, plus variée, s'étend de 1830 à 1833, c'est la période de transition. Ici encore nous retrouvons bien, çà et là, notre poëte railleur et licencieux des *Contes d'Espagne et d'Italie; Namouna* est bien, sauf une incontestable supériorité, la sœur cadette de *Mardoche*. Et quel changement cependant! Comme en quelques années cet adolescent de tout à l'heure est devenu un homme! Comme l'écolier qui, naguère, raillait ses maîtres en les contrefaisant, est devenu déjà un maître lui-même! Quels accents par moments! Quelle inspiration et quel souffle! Le poëte est en possession de son talent.

On le sent déjà dans l'invocation au Tyrol qui précède le *Spectacle dans un fauteuil*. On le sent surtout dans le drame lyrique intitulé *la Coupe et les Lèvres*. L'idée de ce poëme est belle et élevée. Frank, cœur dévoré par l'ambition et l'envie, a épuisé en vain la gloire et la débauche; las et désenchanté, il revient à la fin demander le bonheur aux affections pures, à l'amour chaste qu'il avait dédaignés : mais l'expiation l'attend sur le seuil, et la coupe se brise dans sa main quand il allait la porter à ses lèvres. Cette idée, le poëte l'a résumée dans ces beaux vers qu'il met dans la bouche de Frank lui-même :

> Le cœur d'un homme jeune est un vase profond ;
> Lorsque la première eau qu'on y verse est impure,
> La mer y passerait sans laver la souillure,
> Car l'abîme est immense, et la tache est au fond.

J'ai dit que *Namouna* appartenait à la même veine que *Mardoche*. Il y a loin toutefois de l'un à l'autre. Ici, à côté des fantaisies *humoristiques* et des caprices d'une verve parfois trop libre, on voit briller des éclairs d'éloquence, on sent des élans magnifiques de poésie. J'admire moins que ne l'ont fait des critiques très-autorisés le fameux morceau sur don Juan. Non pas que, comme facture et comme style, il n'y ait là une touche singulièrement vigoureuse ; mais j'avoue que l'idée m'en plaît peu. Faire de don Juan un symbole de l'humanité à la recherche de l'idéal, une âme éprise de la beauté suprême, la poursuivant obstinément dans ses manifestations imparfaites, même à travers la débauche et le sang,

> Et fouillant dans le cœur d'une hécatombe humaine,
> Prêtre désespéré, pour y chercher son Dieu,

c'est une conception étrange, plutôt bizarre que grande, où je ne retrouve pas la justesse ordinaire et la sobriété de goût d'Alfred de Musset, et où je ne puis m'empêcher de voir la trace d'une influence étrangère, une inspiration empruntée à cette école alors dominante qui mettait du symbolisme partout, donnait ses paradoxes pour des idées philosophiques, et prenait trop souvent le gigantesque pour le sublime. Mais, je le répète, il y a dans ce morceau une vigueur, un éclat remarquables ; et là, comme dans maint endroit du même poëme, on reconnaît l'ongle du lion.

Et pourtant, le grand poëte ne s'est pas encore révélé. Ce n'est qu'avec *Rolla* qu'il entre dans son plein épanouissement. Je reviendrai tout à l'heure sur *Rolla* pour parler de l'idée philosophique qui a inspiré ce poëme ; je ne l'envisage ici qu'au point de vue littéraire et poétique, et je le signale seulement comme l'œuvre qui marque la dernière transformation du poëte. Le poëte badin et railleur n'est plus : un autre a pris sa place, grave, triste, passionné. Des pensées plus hautes lui inspirent des chants plus sévères. A travers quelque déclamation qui reste encore, malgré une recherche d'effets violents et de contrastes heurtés qui semblent un dernier tribut payé au goût du temps et aux influences d'école, un esprit nouveau éclate ici. Un souffle plus large anime cette poésie. Le style s'est élevé comme la pensée; il atteint par moments la perfection dans la pureté et la grâce.

Mais j'ai hâte d'arriver à l'œuvre capitale, à l'œuvre éminente d'Alfred de Musset. Les *Nuits*, voilà son incontestable chef-d'œuvre; voilà les vers auxquels son nom restera attaché, comme le nom de Lamartine au *Lac*, comme le nom d'André Chénier à *la jeune Captive*. La poésie française, on l'a dit justement, n'a pas d'élégies plus pures et plus touchantes : je crois pouvoir ajouter qu'elle n'en a pas qu'on puisse comparer à celles-ci pour le pathétique, la vérité, l'éloquence passionnée.

Certes, notre siècle a entendu des chants d'une admirable tristesse. Deux grands poëtes ont marqué en ce genre par des qualités diverses; l'un qui mettait au service de la plus puissante imagination de ce temps-ci la langue la plus éblouissante; l'autre qui joignait à la mélancolie rêveuse une élégance et une harmonie sans égales. Mais à tous deux il a manqué la chose suprême, je veux dire la passion et la flamme. Leur poésie est tout idéale; leurs amours sont des amours de tête; leurs douleurs des douleurs poétiques et, si j'ose dire, littéraires. L'imagination et une sorte de sensibilité nerveuse en font tous les frais.

Or, si la puissance de l'imagination peut jusqu'à un certain point faire illusion, si le prestige du talent parvient à exprimer une certaine tristesse et, si je puis dire, une certaine dose de mélancolie, il y a dans la douleur humaine un degré de profondeur où le talent, même le plus prodigieux, ne saurait atteindre : ni l'esprit, ni l'imagination n'y suffisent; il y faut le cœur, il y faut les angoisses véritables et les déchirements de la nature. Il y a de ces accents d'éloquence, de ces cris partis des entrailles que nul art au monde ne peut ni trouver ni feindre. — C'est pour cela que les grands lyriques dont je parle sont restés, à mon avis, dans l'élégie passionnée inférieurs à Alfred de Musset. Poëtes incomparables dans les autres genres, poëtes divins, je l'accorde : il a été plus qu'eux poëte humain, poëte du cœur. Ce n'est pas, lui, un rêveur nonchalant qui exprime en strophes solennelles des pensées philosophiques sur la brièveté de la vie, sur l'instabilité de l'homme au sein de l'immuable nature; ou qui, assis au bord des flots, sous les orangers de Sorrente, chante harmonieusement les vagues mélancolies du soir ou les pâles amours de sa jeunesse. Non, c'est un homme qui a aimé, qui a souffert, et qui, en me racontant ses souffrances, verse de vraies larmes, pousse de vrais sanglots; c'est un homme qui porte au flanc une blessure et qui écrit avec le sang de son cœur. Là est la source de son éloquence, là est le secret de l'émotion qu'il me donne. *Si vis me flere, dolendum est...*

Alfred de Musset était arrivé avec *Rolla* au point à peu près où le talent seul pouvait le porter : le goût pouvait s'épurer, la pensée s'affermir ; le talent poétique était parvenu à sa complète floraison. Une grande douleur lui apporta ce quelque chose d'achevé qui lui manquait encore. Le charbon ardent toucha ses lèvres et les purifia. Il sembla que son génie, en passant par la flamme, s'y fût dégagé des éléments grossiers, comme un métal qui laisse ses scories dans la fournaise et qui coulera dans le moule plus pur et plus sonore. A bien dire, c'était une faculté nouvelle qui se révélait dans le poëte; une corde qui n'avait pas vibré encore venait de résonner tout à coup, et c'était celle qui dans le cœur de l'homme a rendu de tout temps les sons les plus puissants et les plus beaux.

Je n'ai jamais lu sans émotion le début de la *Nuit de Mai*, ce dialogue de la muse et du poëte qui commence à demi-voix, caressant et plaintif, tour à tour triste comme un sanglot et joyeux comme l'hymne du printemps; cet appel de la muse qui s'éveille à l'aurore, et comme une mère au berceau de son enfant, murmure un doux chant à l'oreille du bien-aimé :

> « Poëte, prends ton luth et me donne un baiser.
> La fleur de l'églantier sent ses bourgeons éclore.
> Le printemps naît ce soir ; les vents vont s'embraser ;
> Et la bergeronnette, en attendant l'aurore,
> Aux premiers buissons verts commence à se poser.
> Poëte, prends ton luth, et me donne un baiser. »

Enseveli et comme abîmé dans sa douleur, secouant péniblement la torpeur qui l'accable, le poëte entend à peine cette voix pourtant si connue : d'étranges visions passent devant ses yeux, et il s'agite, inquiet, éperdu, avec des paroles entrecoupées, sous le souffle divin qui le touche et le fait frémir. Bientôt cependant la mémoire lui revient ; il reconnaît sa sœur, son immortelle. L'appel de la muse devient plus pressant ; elle lui rappelle leurs amours d'autrefois ; elle l'exhorte à reprendre son luth délaissé ; elle chante, et dans ses chants, tantôt gracieux, tantôt sévères, déploie à ses yeux tous les trésors de la poésie. Elle achève enfin par cette magnifique exhortation à tromper sa douleur en l'exhalant.

> « Laisse-la s'élargir cette sainte blessure
> Que les noirs séraphins t'ont faite au fond du cœur.
> Rien ne nous rend plus grands qu'une grande douleur.
> . . . .
> Les chants désespérés sont les chants les plus beaux,
> Et j'en sais d'immortels qui sont de purs sanglots..., etc.

Il y a là tout un drame intime ; et je ne sais rien de plus poignant que le contraste de cette âme triste jusqu'à la mort avec cette nature souriante qui s'éveille et refleurit au souffle du printemps. Je ne sais ce qu'il faut le plus admirer ici, ou de l'expression contenue de la douleur dans la bouche du poëte, ou de la richesse de poésie qui déborde dans les chants de la muse.

Les trois *Nuits* suivantes ne sont que le développement de la même pensée. Il me semble y apercevoir un lien logique, une suite et une gradation qui nous font assister aux émotions diverses, aux sentiments contraires par où l'âme du poëte a passé tour à tour.

Dans la *Nuit de décembre*, il est sorti de ce mortel assoupissement où l'excès de la douleur l'avait plongé. Ses larmes coulent à la fois amères et douces. Un ami mystérieux est venu s'asseoir à son chevet et calmer ses premières agitations. Ce fantôme vêtu de noir, « qui lui ressemble comme un frère, » cette pâle vision qui l'a suivi partout, ce compagnon assidu qu'il a vu apparaître à toutes les heures tristes de sa vie, c'est la solitude. L'allégorie, si froide d'ordinaire, a ici, grâce à la profondeur de l'accent, quelque chose d'étrange et de saisissant.

Mais la blessure mal fermée s'est rouverte. Le poëte a cherché dans les plaisirs du monde et les folles amours une distraction à la souffrance qui le tue. C'est la muse qui reprend la parole dans la *Nuit d'août*. Elle gourmande son oisiveté ; elle se plaint de l'abandon où il la laisse ; elle lui reproche de dissiper sa jeunesse et son génie. Vain effort : ce cœur désespéré demande aux passions sans frein l'oubli de ses maux et de lui-même :

> O muse ! que m'importe ou la mort ou la vie ?
> J'aime, et je veux pâlir ; j'aime, et je veux souffrir.

J'aime, et pour un baiser je donne mon génie ;
J'aime, et je veux sentir sur ma joue amaigrie
Ruisseler une source impossible à tarir.

Enfin, dans la *Nuit d'octobre,* le poëte, las des faux plaisirs, guéri, ou se croyant tel, revient à la muse comme à la seule consolatrice. Il lui raconte ses souffrances, comme pour s'attester à lui-même qu'elles sont dissipées. Mais, peu à peu, au récit de ses maux, la douleur et la colère se rallument dans son sein ; il éclate en malédictions terribles. La muse alors, d'une voix douce et austère, le contient et l'apaise ; et elle fait entendre, sur la loi divine de la douleur, sur l'épreuve salutaire qu'elle impose à l'homme, des accents d'une admirable éloquence :

L'homme est un apprenti ; la douleur est son maître,
Et nul ne se connaît tant qu'il n'a pas souffert.
C'est une dure loi, mais une loi suprême,
Vieille comme le monde et la fatalité,
Qu'il nous faut du malheur recevoir le baptême,
Et qu'à ce triste prix tout doit être acheté.
Les moissons pour mûrir ont besoin de rosée ;
Pour vivre et pour sentir l'homme a besoin des pleurs.
La joie a pour symbole une plante brisée,
Humide encor de pluie et couverte de fleurs.

Bien qu'il y ait dans la *Nuit de décembre* une grâce pénétrante et pleine de charme ; dans la *Nuit d'août* un souffle élevé, la *Nuit de mai* et la *Nuit d'octobre* l'emportent pour le mouvement, le pathétique, et la passion. Mais, quelques nuances qu'on y signale et quelque ordre qu'on assigne à ces compositions si originales, on peut dire que celui qui a écrit de tels vers ne mourra point. N'eût-il laissé que ces quatre élégies, sa place est entre les plus grands, parmi les peintres du cœur humain et les chantres de la douleur.

Je me suis arrêté longtemps aux élégies : mais c'est là qu'Alfred de Musset a mis toute son âme ; c'est là qu'est son plus beau titre de gloire. Il y a pourtant en lui un autre côté, non moins élevé, non moins sérieux, par où s'est montré aussi le grand poëte.

En même temps que la douleur ouvrait dans cette âme profondément sensible des sources nouvelles de poésie, une transformation non moins remarquable se faisait dans cette intelligence ; jusque-là livrée au scepticisme. Son esprit était frappé, ce semble, en même temps que son cœur; et, soit progrès de l'âge, soit désenchantement des passions, une émotion religieuse pénétrait en lui à peu près à la même heure où un grand chagrin l'éprouvait.

A ce fils d'un siècle incrédule il ne faudra jamais demander, sans doute, ni les élans d'une foi naïve, ni les fermes convictions d'un philosophe. Mais chez cet homme longtemps abandonné aux entraînements du cœur et des sens une pensée sérieuse est née un jour; et, plein d'anxiété, las du doute, tourmenté du besoin de croire, il a levé les yeux vers le ciel. C'est là une histoire bien connue en ce temps-ci; c'est un chemin par où bien d'autres que lui ont passé. Seulement, dans un esprit qui semblait si léger, si sceptique, si froidement railleur, une telle révolution a quelque chose de plus frappant; et j'ajoute que lorsqu'elle s'accomplit dans une âme si sincère, il y a là une étude morale qui ne laisse pas d'être instructive.

Le premier indice de ce changement se montre dans *Rolla*. L'inspiration de ce poëme, la pensée qui y domine, c'est la plainte amère du doute, c'est le gémissement d'une âme vide et nue, qui avoue son scepticisme et qui le maudit. Un retour mélancolique vers les temps de foi, surtout un sentiment profond des misères morales de notre temps dénué d'idéal et d'espérance, voilà ce que le jeune poëte a exprimé avec une grande vigueur et une grande magnificence de style.

Dans la *Lettre à Lamartine* cette disposition d'esprit s'accuse encore davantage. Le progrès de la pensée philosophique, ou, si on veut, du sentiment spiritualiste est manifeste. La douleur a achevé ce qu'avait commencé le travail de la réflexion : elle a ouvert les yeux du poëte; il a vu Dieu au fond de l'immensité, et la pensée d'une âme immortelle est venue le consoler et tarir ses pleurs. Ils étaient dignes assurément du grand poëte auquel il les adressait les vers où il exprime avec tant d'élan les sublimes espérances dont vit l'humanité :

> Créature d'un jour qui t'agites une heure,
> De quoi viens-tu te plaindre et qui te fait gémir ?
> . . . .
> Ton corps est abattu du mal de ta pensée;
> Tu sens ton front peser et tes genoux fléchir.
> Tombe, agenouille-toi, créature insensée :
> Ton âme est immortelle, et la mort va venir !

Enfin, dans l'*Espoir en Dieu,* le cœur du poëte achève de se montrer à découvert. Le dégoût de la vie, l'amertume des passions l'ont gagné : rien ici-bas n'a apaisé cette soif de bonheur, cet amour de l'idéal qui le consument. Il a beau essayer de se rattacher à la terre, son âme, chose légère, tend à remonter vers le ciel. Il a beau vouloir ne vivre que de la vie des sens : la pensée de l'infini l'agite et le tourmente; il ferme les yeux et il la voit sans cesse; il veut fuir, et elle s'attache à lui. Personne n'a exprimé avec une concision plus énergique, avec une justesse plus saisissante ce tourment secret que l'idée de l'infini cause dans certaines âmes, cette sorte d'obsession qu'elle exerce aujourd'hui sur les esprits, en dépit de nos agitations fiévreuses et de notre sensualisme pratique :

> Je voudrais vivre, aimer, m'accoutumer aux hommes,
> Chercher un peu de joie et n'y pas trop compter,
> Faire ce qu'on a fait, être ce que nous sommes,
> Et regarder le ciel sans m'en inquiéter.
> Je ne puis... Malgré moi l'infini me tourmente.
> Je n'y saurais songer sans crainte et sans espoir;
> Et quoi qu'on en ait dit, ma raison s'épouvante
> De ne pas le comprendre, et pourtant de le voir.
> Qu'est-ce donc que ce monde, et qu'y venons-nous faire,
> Si, pour qu'on vive en paix, il faut voiler les cieux?
> Passer comme un troupeau, les yeux fixés à terre,
> Et renier le reste, est-ce donc être heureux?
> Non, c'est cesser d'être homme et dégrader son âme.
> Dans la création le hasard m'a jeté;
> Heureux ou malheureux, je suis né d'une femme,
> Et je ne puis m'enfuir hors de l'humanité...
> . . . .
> Une immense espérance a traversé la terre :
> Malgré nous vers le ciel il faut lever les yeux...

Les mystères de la foi l'épouvantent; la fausse sagesse des épicuriens le remplit de dégoût; les systèmes hasardeux des philosophes ne lui offrent qu'incertitude et contradiction. Il tombe à genoux, il prie : un cri d'angoisse s'échappe de ses lèvres, et l'invocation qu'il adresse à Dieu s'achève en un hymne d'espérance. C'est peu, dira-t-on! Et moi je dis : C'est beaucoup! c'est beaucoup à qui, parti de si loin, est venu jusque-là seul, et par les âpres sentiers du doute. Mais cela même fût-il si peu de chose, j'aime la sincérité de cet homme qui me raconte ses erreurs et ses anxiétés, ses troubles et ses indécisions. Nous avons tant vu de bardes chrétiens qui n'avaient de chrétien que le nom! Nous avons entendu tant d'hymnes pieux démentis par les chants du lendemain! Une religiosité banale et de convention a si souvent affadi la poésie de nos jours! Celui-ci, du moins, se montre tel qu'il est; il ne met pas un costume de fantaisie; il étale devant moi les plaies de son cœur; et c'est pour cela qu'il m'intéresse et m'émeut. Qui donc n'a pas souffert, plus ou moins, du mal qu'il nous décrit? Et n'est-ce pas là la vraie *Confession de l'enfant du siècle*?

III

J'ai dit en commençant que je ne voulais parler que du poëte, et je borne ici ces réflexions déjà longues. Non pas qu'il n'y eût à signaler dans l'œuvre d'Alfred de Musset, si on voulait épuiser le sujet, bien des vers charmants en plus d'un genre. Il faudrait citer, par exemple, la pièce intitulée *Souvenir*, qui se rattache à ses grandes élégies, et qui n'est pas indigne d'en être rapprochée. Il faudrait noter plusieurs morceaux (*Sur la Paresse*, *Une soirée perdue*, *Après une lecture*), où l'auteur, pour railler quelques travers de notre temps, a su retrouver la langue nerveuse et un peu rude de notre vieux satirique Régnier. Enfin, on ne pourrait se dispenser de rappeler des contes en vers, comme *Simone* et *Silvia*, deux ingénieuses imitations de Boccace; comme *Une bonne fortune*, l'une de ses plus aimables fantaisies : et ici, il y aurait peut-être à faire remarquer qu'Alfred de Musset a donné à ce genre du conte un caractère nouveau, original, en mêlant à sa gaieté native une pointe de sentiment, en alliant avec une grâce piquante l'enjouement et la rêverie, le badinage et une nuance d'émotion.

Mais mon dessein, je le répète, a été seulement d'insister sur les grands côtés de ce talent qui sont précisément les moins connus et les moins appréciés. Pour moi, tout Alfred de Musset, j'entends le grand poëte, celui que connaîtra la postérité, est dans les six ou sept poëmes que je viens d'étudier. Croit-on que, parmi nos contemporains, beaucoup sauvent avec eux de l'oubli un plus riche bagage? Que dire au surplus qui n'ait été déjà dit cent fois, et mieux que je ne le pourrais faire, de ses œuvres en prose, *Nouvelles* et *Comédies*? Il y a mis sans doute prodigieusement d'esprit et du meilleur, une délicatesse, une fleur d'imagination qui font de plusieurs de ces compositions autant de petits chefs-d'œuvre; mais cela appartient encore au côté fin et gracieux de son talent, et, sous ce rapport, on lui a rendu justice depuis longtemps.

Peu d'hommes ont reçu du ciel en naissant des dons plus brillants et plus variés. Alfred de Musset s'est essayé dans les genres les plus divers, le drame et la comédie légère, la nouvelle et le conte en vers, le sonnet et la chanson, l'élégie et la satire, le poëme badin et le poëme philosophique : il a réussi dans tous, excellé dans plusieurs, et, dans un en particulier, dépassé tous ses émules. D'autres ont eu peut-être des qualités plus éclatantes, la hardiesse des pensées, l'élan lyrique, la splendeur de la forme, une veine plus abondante et plus large. Il a eu, lui, les inspirations de l'âme autant que la richesse de l'imagination; il a eu la profondeur du sentiment, l'éloquence du cœur, le feu de la passion; ajoutez-y la grâce exquise, la distinction, la pureté. Chose remarquable : tandis que plus d'un poëte de ce temps-ci est allé sans cesse se relâchant de sa correction première, lui, au contraire, de jour en jour, est devenu plus sévère pour lui-même et a châtié davantage son style. Chacun de ses pas a été un effort vers cette perfection, qui est l'idéal de l'art. Et combien vite il s'en était approché! Enfant gâté du romantisme à dix-huit ans, il écrivait à vingt-quatre ans *Rolla* et ses élégies dans une langue qui, pour la fermeté et la pureté élégante, est digne des grands maîtres de notre littérature.

Pourquoi, hélas! ce merveilleux esprit n'a-t-il pas porté une plus abondante moisson? C'est un regret dont on ne peut se défendre. Mais qui sait? Sans le coup qui l'a frappé, il eût été moins grand sans doute. Si cette douleur a brisé son génie avec sa vie, c'est à elle qu'il a dû ses plus belles inspirations. Quel poëte n'achèterait à pareil prix la gloire? Et pour nous, postérité égoïste, qui jouissons de ces chants sublimes que la souffrance arrache aux âmes privilégiées, nous ne pouvons maudire l'épreuve qui les a atteintes, et nous serions, Dieu nous pardonne, tentés de regretter que de si belles larmes n'eussent point coulé.

Eugène Poitou.

Paris. — Imprimerie P.-A. BOURDIER et Ce, rue Mazarine 30.

www.ingramcontent.com/pod-product-compliance
Lightning Source LLC
Chambersburg PA
CBHW061520040426
42450CB00008B/1711